MARGUERITE
DE SURVILLE
ET SES POÉSIES

ÉTUDE

BIBLIOGRAPHIQUE ET LITTÉRAIRE

PARIS

LIBRAIRIE DES BIBLIOPHILES

Rue de Lille, 7

M DCCC LXXXVIII

MARGUERITE DE SURVILLE

MARGUERITE
DE SURVILLE
ET SES POÉSIES

ÉTUDE

BIBLIOGRAPHIQUE ET LITTÉRAIRE

PARIS

LIBRAIRIE DES BIBLIOPHILES

Rue de Lille, 7

—

M DCCC LXXXVIII

MARGUERITE DE SURVILLE

ET SES POÉSIES

Un de nos Écrivains, avantageusement connu dans le monde des Lettres, M. E. de Villedieu, a donné une Étude développée sur Marguerite de Surville et ses poésies [1]. C'est un livre important, qui a eu l'adhésion chaleureuse d'un bon nombre de nos éminents littérateurs, poètes ou érudits, et celle de connaisseurs très distingués, tels que Germer-Durand, en choses esthétiques du Moyen-âge et des temps modernes. Nous voudrions ici appeler l'attention sur ce travail, destiné à être suivi d'un second [2], que l'auteur a également consacré au même grand poète français du XVe siècle.

Après tout ce qui a été écrit sur ce sujet, M. de Villedieu,

1. Marguerite de Surville (Clotilde de Surville), *sa vie, ses œuvres, ses descendants, devant la Critique moderne, avec Documents justificatifs et carte de Vesseaux au XVe siècle.* Un volume in-8°, de XVI-418 pages. Paris. (*Épuisé.*)

Une nouvelle édition, dès qu'elle pourra être opportunément publiée, contiendra d'autres Éclaircissements.

2. Poésies de Marguerite de Surville, *Édition critique, d'après des documents nouveaux, dégagée des pièces apocryphes et des interpolations, accompagnée de notices littéraires et de notes explicatives, précédée d'une Étude sur ces poésies et d'un résumé de la vie du poète, avec Documents justificatifs.*

Un volume inédit.

avec des matériaux que lui ont fournis ses nombreuses investigations, par l'ordonnance pleine de clarté qu'il a su donner à son ouvrage, par la chaleur de son style et son accent profondément convaincu, a offert au public lettré un livre qui ne peut manquer d'intéresser tous ceux que préoccupent la vérité historique et la justice littéraire, les esprits dévoués aux initiatives généreuses et les hommes soucieux de la gloire de notre pays.

En parcourant ces pages, il est impossible de ne pas admirer particulièrement l'étendue de l'érudition de l'auteur, la puissance de sa dialectique et la justesse de sa méthode, dans une œuvre ayant en vue non seulement la revendication des droits du génie, mais aussi la défense des principes chrétiens de l'Art.

I

Ce livre est composé de cinq parties.

Dans la première partie, l'auteur fait la biographie de Marguerite de Surville. Il nous dit le lieu et le temps où elle a vécu, sa famille, son nom et les motifs vraisemblables qui, dans ses poésies, lui firent ajouter à ce nom celui de Clotilde; sa jeunesse, son premier mariage avec Raymond du Bois, du Barrès, et son second mariage, peu de temps après, avec Bérenger de Surville, de la petite noblesse et du « diocèse de Nîmes », qui vint alors se fixer dans le midi du Vivarais. Il indique l'époque et les circonstances où elle a composé ses chants immortels; ses relations littéraires et les épreuves de son existence. Il nous décrit minutieusement les sites méridionaux où Marguerite a passé sa vie si active et si agitée. C'est une topographie complète de Vesseaux au XVe siècle.

Puis vient, d'après les anciens Terriers, l'énumération des propriétés, des maisons, des terres, des bois qui appartenaient alors à la famille du poète, et que les habitants de Vesseaux ont appelés depuis lors : *la vigne de la dame, la maison, le bois de Madame de Surville.*

Pour écrire la vie du poète avec cette abondance et cette précision de détails, l'auteur a puisé dans le *Manuale notarum,* d'Antoine de Brion, notaire royal à Privas (année 1427-1428), qui donne le contrat de mariage de Marguerite Chalis et de Bérenger de Surville et deux autres pièces relatives à sa parenté. Il a mis aussi largement à profit le Terrier du prieuré de Vesseaux de 1472-1474, et les anciens Compoix et Registres de cette paroisse. Il a enfin résumé les traditions locales les mieux établies, que l'ancienne alliance de sa famille avec les Surville de Vesseaux et ses relations personnelles dans ces lieux lui permettaient, plus qu'à tout autre, de donner exactement de point en point.

La deuxième partie de l'ouvrage renferme l'histoire des descendants de Marguerite, qui ont porté le nom de Surville, depuis Jean, son fils, jusqu'à Étienne de Surville, mort au Puy-en-Velay, en 1798.

L'auteur retrace là, avec leur ramification et leurs représentants successifs, les trois branches de la famille des Surville du Vivarais; il les suit à Vesseaux, à La Villedieu, à Gras, à Valvignères et à Viviers; il nous donne, d'après de nombreux et précieux documents qu'il a tirés des archives communales ou des archives de famille, des détails, jusqu'alors inconnus et pleins d'intérêt, sur les principaux membres de ces branches diverses et sur les propriétés qu'ils possédaient.

A Vesseaux, il nous montre Jean de Surville, ce fils de Bérenger et de Marguerite, dont la Critique avait nié l'existence, attestée cependant on ne peut mieux par le Terrier du prieuré de cette localité[1]; et il nous révèle notamment, parmi leurs descendants hommes de mérite, François, Claude et les deux Louis de Surville.

A Gras, le lecteur apprend à connaître Jean de Surville[2], un érudit du XVIIe siècle; Jacques de Surville et son épouse Jeanne de Vallon, fille de Jean de La Beaume de Vallon, ou plutôt de Valon, selon l'orthographe d'alors. D'après des témoignages authentiques, la famille de La Beaume, ayant la seigneurie du château de Valon et portant le nom de seigneurs de Valon dans la dernière partie du XVIe siècle et dans les premières années du XVIIe, possédait plusieurs immeubles « dans le mandement de Gras », y était voisine des Surville et de leurs propriétés de Malaval et des Hermessènes[3]. Cependant Jeanne de Vallon et sa famille sont autant de mythes, ou à peu près, pour les voix les plus en renom de la Critique, parmi toutes celles qui ont parlé au monde littéraire de *Clotilde* et de ses poésies.

C'est à Jeanne de Vallon que M. de Villedieu, d'après des données qui sont loin d'être sans valeur, attribue, dans l'ouvrage que nous analysons, une partie, quoique assez faible, des retouches apportées aux œuvres de Marguerite, à ses poésies comme à ses Mémoires qui ont très probablement existé aussi en original et qui, comme le reste, ont subi des modifications au XVIIe siècle. Jeanne de Vallon songeait d'ailleurs, avec son beau-père Jean de Surville, ainsi qu'elle le dit, à donner un recueil, dont il reste des fragments de la préface, et devant contenir un choix ou l'ensemble de ces poésies qu'elle admirait extrêmement[4].

1. *Marguerite de Surville*, Ire partie, XII.

2. Jean de Surville avait combattu avec honneur dans les rangs de l'armée catholique, durant les guerres de Religion du Midi de la France, de 1622 à 1629. Il mourut à Gras en 1661.

3. *Marguerite de Surville*, IIe partie, XII.

4. *Marguerite de Surville*, IIe partie, XII et XIII.

Dans la longue *Étude historique et littéraire*, qui est au commencement du

A Viviers, nous sommes mis en rapport avec Étienne de Surville, celui qui a préparé, à la fin du siècle dernier, une publication, malheureusement très défectueuse, des chefs-d'œuvre de son aïeule. Nous voyons ce que furent son éducation, sa jeunesse, ses goûts, ses idées religieuses et politiques; la part qu'il prit à la guerre de l'Indépendance dans l'Amérique du Nord; la découverte qu'il fit en 1782, après son retour du Nouveau Monde, en compulsant ses papiers de famille, des poésies de Marguerite, probablement sur la copie que Jeanne de Vallon en avait faite en les révisant, et qu'il s'occupa de recopier à son tour; ses premiers essais de versificateur, et ses quelques opuscules poétiques parus en 1786 sous le titre d'*Œuvres lyriques d'un Chevalier françois;* son mariage, cette même année, avec Mlle Pauline d'Arlempdes de Mirabel et son acquisition d'un marquisat, au sujet duquel « ce qu'il y eut même de singulier, disait le parent le plus rapproché d'Étienne de Surville à l'auteur, c'est qu'il fut marquis sans marquisat connu des derniers membres de sa famille ».

Nous recueillons aussi, dans cette Étude, des renseignements, la plupart nouveaux, sur les propriétés immobilières des Surville de la branche de Gras, à cette époque; sur les

---

second ouvrage, non encore publié, que l'auteur a préparé pour une Édition nouvelle de ces poésies, il donne les motifs péremptoires qu'il y a pour attribuer à Marie-Éléonore de La Baume-Valon, tante de Jeanne de Valon, les premières additions et les principaux remaniements apportés, vers le commencement du XVIIe siècle, à plusieurs des poésies de Marguerite, comme à ses Mémoires, aujourd'hui perdus, — retouches aussi savantes que profondes pour quelques-unes de ces pièces, l'*Épistre à Marguerite d'Écosse*, l'*Élégie sur la mort d'Héloysa*, *les Plaids d'or*, *l'Héroïde à Bérenger*, *les Chants d'amour*, et surtout les *Verselets* et le *Chant royal à Charles VIII;* retouches telles, en divers passages de ces pièces, que l'auteur se propose de donner dans cet ouvrage, à la suite des poésies ayant à peu près le caractère intégral d'authenticité certaine, les pièces *à demi authentiques*, sous le titre de : *Poésies mixtes de Marguerite de Surville et de Marie-Éléonore de La Baume-Valon*. — Jeanne de Valon (1610-1655) n'a fait à ces œuvres, comme elle le déclare et comme nous venons de le dire d'après notre auteur, que des modifications bien moins importantes.

courses d'Étienne de Surville aux environs de Viviers et dans le Bas-Vivarais; sur son rôle pendant la tourmente révolutionnaire; sur son émigration, ses travaux littéraires près de Liège et à Lausanne, sa rentrée en France à deux reprises et son arrestation dans les environs du Puy, où il fut passé par les armes, le 19 octobre 1798.

Les relations fréquentes de l'auteur avec M. du Charnève, le dernier neveu d'Étienne de Surville, lui ont servi sans doute pour un certain nombre de ces particularités; comme ses rapports avec la famille de Chauras, compatriote et amie des du Charnève, lui ont permis de retrouver et de publier en partie un opuscule, jusque-là ignoré, d'Étienne de Surville, un exposé sommaire de la vie de Clotilde, telle que l'avait écrite l'interpolateur ou plutôt l'interpolatrice de ses œuvres au XVIIe siècle, et « telle qu'il la connaissait, c'est-à-dire selon des données à demi exactes, à demi romanesques[1] ».

Mais les renseignements que l'auteur nous donne à ce sujet sont secondaires dans sa pensée; par là, il veut surtout faire connaître la physionomie morale et intellectuelle d'Étienne de Surville, pour que l'on sache bien si, comme l'ont écrit Sainte-Beuve et d'autres, il a été capable de la plus singulière ou, pour mieux dire, de la plus étonnante supercherie. L'auteur veut donc là, avant tout, apprécier, en connaissance de cause, le talent de versificateur et de prosateur de l'un des derniers Surville du Vivarais, afin de juger si l'on peut sérieusement lui attribuer une œuvre magistrale dans plusieurs de ses parties, comme l'est celle qui a été donnée, d'après la transcription d'Étienne, par Charles de Vanderbourg, ainsi que celui-ci l'a constaté et attesté dans les nombreuses lettres qu'il a écrites à Mme Pauline de Surville, alors possesseur de

1. *Marguerite de Surville*, IIe partie, XXI.

ces manuscrits, lettres que M. Antonin Macé a publiées[1] et qui sont au Pradel.

Ici, comme toujours, M. de Villedieu ne se contente pas d'une simple affirmation. Ce n'est qu'en appuyant son assertion de bien des preuves, qu'il nous dit : Étienne de Surville a été un homme loyal, un homme d'honneur : il n'a donc jamais songé à être faussaire.

Et c'est lorsque l'auteur de l'ouvrage qui nous occupe a fourni de nombreuses citations des vers et de la prose du marquis de Surville, qu'il les a examinées, discutées, confrontées avec plusieurs des poésies de Marguerite, c'est alors seulement qu'il écrit :

« Ainsi, quoique Étienne de Surville ait eu, comme versificateur, certaines qualités qu'il faut reconnaître, les graves défauts qui apparaissent dans toutes ses compositions de ce genre, même dans celles qui datent de son âge mûr, des dernières années de sa vie, ne permettent de le mettre, sous ce rapport, qu'à un rang inférieur parmi les littérateurs modernes. Cet auteur n'est d'ailleurs pas de ceux chez qui l'élévation de la pensée fait passer les imperfections de la forme. Il n'a point la haute conception de l'idée, le souffle puissant, le burin du style qui caractérisent un écrivain d'un vigoureux talent et lui font produire des œuvres durables. Il a pu faire quelques beaux vers; il ne pouvait faire une grande œuvre. Ses essais ont très souvent un langage peu net, une exagération factice, un manque d'abondance dans les idées, un défaut de justesse dans les images, un accent emphatique et déclamateur qui font un saisissant contraste avec la poésie si simple, si précise, si mouvementée, si délicate et si vraie, comme œuvre d'art, qui caractérise les œuvres de Marguerite[2].

---

1. Antonin Macé. *Les Poésies de Clotilde de Surville*. Grenoble.
2. *Marguerite de Surville*, IIe partie, XX

« L'étude que fit Étienne de Surville des poésies de son aïeule contribua à développer ses aptitudes personnelles, mais assurément sans les faire sortir des conditions du talent propre d'Étienne, qui eût pu devenir peut-être un bon prosateur, au génie près, et qui n'eût jamais fait qu'un pauvre poète... Elle ne fit point que ses facultés bien ordinaires aient pu produire des chefs-d'œuvre dont il fut et dont, avec sa franchise (ou plutôt avec son simple bon sens), il se dit incapable, mais dont néanmoins il pouvait, paraît-il », — puisque la Critique devait plus tard le charger de cette gloire, — « s'arroger l'honneur si aisément[1] ».

II

La troisième et la quatrième partie sont le travail capital du livre que nous examinons. C'est là que l'auteur, dans des pages d'une profonde érudition et avec une force de raisonnement qui saisit, établit cette thèse :

Les poésies du premier recueil qui a paru sous le nom de Clotilde de Surville, ces poésies, prises dans la plupart des pièces qu'elles contiennent, et en dehors de morceaux apocryphes, c'est-à-dire *considérées dans ce qui en fait le fond et dans leurs parties essentielles*, sont authentiques, sont du poète même auquel les a attribuées Vanderbourg en les publiant. Le manuscrit original de ces œuvres a été, toutefois, partiellement et savamment retouché au XVIIe siècle.

Notre auteur range en trois catégories les poésies comprises dans le recueil de Vanderbourg : 1° les poésies dont la facture est entièrement ou relativement moderne; 2° celles qui portent avec elles un cachet d'ancienneté, mais qui ont été plus ou

1. *Marguerite de Surville*. IIe partie. XXI.

moins profondément remaniées; 3° celles qui ont été conservées à peu près dans leur état primitif et n'ont subi que de légères altérations.

Celles qui appartiennent à la première catégorie sont quelques-unes, d'un auteur du XVIIe siècle, quelques autres, ou plutôt quelques fragments, d'Étienne de Surville, aidé de M. de Brazais ou d'un poète inconnu; celles qui, très authentiques dans le fond, ont eu des retouches plus ou moins considérables, les ont reçues au XVIIe siècle; enfin, les poésies de la troisième catégorie sont, dans ce qui en fait une œuvre puissante, exclusivement l'œuvre de Marguerite de Surville.

Avant d'aborder directement sa théorie et d'émettre ses preuves, M. de Villedieu a cru devoir préalablement faire justice des objections. Il n'en élude aucune; il les attaque toutes avec vigueur, et, le plus souvent, avec un plein succès.

Pour réfuter celles qui s'appuient sur les règles de la grammaire, de la littérature en général, de la poésie en particulier, et qui supposent que les poésies attribuées à Marguerite sont trop parfaites pour être du XVe siècle, parce que, prétendent les contradicteurs, on ne connaissait pas, à cette époque, *les diminutifs, l'entrelacement des rimes, les inversions;* parce que, disent-ils, le style n'avait pas alors cette justesse, cet ordre, cette liaison des idées, et que *la phrase n'était pas encore analytique,* l'auteur a appelé au débat et fait comparaître, par ce que l'on connaît d'eux, par des extraits de leurs œuvres, les poètes français antérieurs à Marguerite ou ses contemporains, tous nos poètes de quelque renom du XIIIe au XVe siècle. Ces extraits qu'il produit, il les examine, il les met en parallèle, sur les questions en litige, avec les poésies les plus authentiques de Marguerite, avec celles-là seulement, et il laisse le lecteur juge.

Sur un point ou sur un autre du sujet controversé, viennent

témoigner là, tour à tour [1] : Thibaut de Champagne, Rutebeuf, Marie de France, Eustache Deschamps, Froissart, Charles d'Orléans, Henri Baude, Villon, Georges Chastellain, Jean Molinet, — Charles d'Orléans, et Villon surtout, comme ayant eu alors, à un plus haut degré que d'autres, le talent poétique, et comme ayant vécu aux jours où vivait Marguerite. Par cette comparaison, notre polémiste historien démontre jusqu'à l'évidence que toutes les règles de grammaire, de littérature et de poésie, observées, préconisées même par l'épouse de Bérenger, étaient connues à cette époque, et qu'elles y étaient *plus ou moins exactement pratiquées,* selon que le poète tenait à les observer ou qu'il les négligeait, c'est-à-dire selon le goût, plus ou moins exercé, plus ou moins judicieux, de ces versificateurs, très souvent alors, il est vrai, mais non pas toujours à demi inattentifs à ce qui pouvait et devait donner toute la précision à leurs œuvres.

M. de Villedieu fait le même travail d'examen sur les prosateurs de ce temps [2], et il arrive à une conclusion identique, qui ressort avec la même évidence.

« C'est bien mal connaître, dit-il, les ressources du *français* d'alors, de prétendre que le talent dût, en français, tâtonner ou bégayer à cette époque. La langue avec laquelle un vrai poète, tel que Rutebeuf, avait pu, au XIIIe siècle, chanter éloquemment, cette langue était un instrument qui, deux siècles plus tard, pouvait et devait donner un chef-d'œuvre [3]. »

Et ailleurs : « La vérité est qu'un poète d'un talent supérieur pouvait, en 1460, pour le français, ce que Dante avait pu, en 1300, pour l'italien. Pour cela, que fallait-il ? Une langue formée, la connaissance de la poésie latine autant que de la littérature française du Nord, l'attention, le travail pro-

1. *Marguerite de Surville.* IIIe partie, III, VI, XI, XVIII.
2. *Id.*, *id.*, XIX.
3. *Id.*, *id.*, VI.

longé qui donne l'expérience de l'art, et enfin le génie. Ces conditions étaient nécessaires et elles suffisaient pour que l'on pût alors créer littérairement une grande œuvre; et tout concourt à démontrer qu'aucune d'elles ne fit défaut à l'auteur des poésies que nous examinons. Le français était pleinement constitué depuis le commencement du XVe siècle. Notre langue était déjà ou allait être sûre d'elle-même, et elle pouvait produire des œuvres durables, si elle rencontrait le talent (avec la réflexion) qui sût tirer d'elle tout le parti qu'on pouvait en tirer [1]. »

L'auteur montre ensuite qu'en reportant sur un autre poète, et notamment sur Étienne de Surville, comme la Critique l'a fait souvent, le mérite esthétique d'un certain nombre au moins de ces poésies particulièrement marquées, on se heurte dans l'une de ces hypothèses, ingénieuses peut-être, mais futiles, contre la vérité historique qui témoigne, avec une entière évidence, de l'incapacité d'Étienne de Surville de produire un chef-d'œuvre; et, dans les autres suppositions, on a devant soi l'impossibilité littéraire non moins certaine, vu leur caractère distinctif, que les pièces dont il s'agit, et celles-là seulement, aient été composées ou par Jeanne de Vallon, ou par n'importe quel autre écrivain des deux derniers siècles.

Quant aux objections que l'on peut tirer des Documents extraits du Registre ou *Manuale notarum* d'Antoine de Brion, au sujet de quelques points spéciaux, où ces actes notariés ne concordent pas rigoureusement avec deux ou trois passages ajoutés ou modifiés dans ces poésies, l'auteur ne les omet pas plus que les autres. Le cas, devant une observation superficielle, semblait offrir quelques difficultés; notre historien de Marguerite leur a donné des réponses qui nous paraissent décisives. Ces objections, en effet, n'auraient de valeur

1. *Marguerite de Surville*. IIIe partie, VIII.

que s'il n'y avait pas lieu de distinguer, dans l'œuvre poétique soumise à l'examen, la partie ancienne des retouches et des additions ultérieures, les pièces primitives des fragments ajoutés ou remaniés, ce qui a constitué, et constitue encore là, un texte original de ce qui n'est qu'une interpolation.

Un chapitre de cette partie de l'ouvrage employée à réfuter les objections, le chapitre intitulé : « Les ressources d'imagination de Sainte-Beuve. Encore le procédé d'*envieillissement*. Marguerite et Voltaire[1] », contient une réplique assez vive, mais des plus méritées, à l'adresse de Sainte-Beuve qui, s'inspirant, en se gardant bien de le citer, de l'un des articles de Ginguené dans *la Décade philosophique* de l'an XI, ne voit, dans *les Stances de Rosalyre* et dans *les Trois Plaids d'or,* « qu'une imitation » des *Tu* et des *Vous* et des *Trois Manières* de Voltaire. Nous regrettons que le cadre que nous nous sommes tracé ne nous permette pas de reproduire ces pages de protestation justement indignée; elles montrent où en viennent les habiletés d'une critique « qui prend, comme le dit notre auteur, une thèse de fantaisie à défendre », et « qui n'a pas l'intuition divinatrice qu'a l'âme seule, et que l'âme seule sait manifester[2] ».

III

M. de Villedieu, pour la démonstration de la thèse qu'il soutient dans ce livre contre la Critique encore régnante, produit une argumentation rigoureuse exprimée en ces termes :

« Pour résoudre une question de ce genre, *il faut émettre une hypothèse qui puisse rendre compte de tous les faits*

1. *Marguerite de Surville*, IIIe partie, VIII.
2. *Id.*, *id.*, IX.

constitutifs du problème et qui soit ainsi vérifiée par ces faits.

« Or, la seule hypothèse *qui rende raison de tous les faits qu'il s'agit d'expliquer* au sujet de l'œuvre poétique attribuée à Marguerite-Clotilde de Surville, c'est celle de l'*authenticité d'un certain nombre de ces poésies et de leur retouche ultérieure* (légère ou profonde);

« Donc, cette hypothèse est la vraie.

« Telle est l'argumentation générale qui résout péremptoirement la question, et telle est celle que nous allons établir[1]. »

Suivent l'indication précise et l'examen des « trois faits principaux, résumant tous les autres », « dont une hypothèse doit ici rendre compte, pour mériter d'être déclarée vraie[2] ».

Pour une thèse si précisément formulée, l'auteur n'a pas à son service un nombre bien considérable de preuves *extrinsèques*, puisque les poésies qu'il examine sont restées dans les archives des Surville jusqu'à la fin du dernier siècle. Toutefois il a pu, avec avantage, invoquer des témoignages importants : entre autres, celui d'Étienne de Surville, qui a maintenu son affirmation jusque devant la mort[3]; celui de son épouse, parente de notre Écrivain, Mme Pauline de Surville[4], noble et très chrétienne femme, « d'un esprit élevé, qui était convaincue que son mari n'avait pu écrire ces chefs-d'œuvre[5] » et qui, en exprimant cette conviction, l'appuyait de renseignements divers, témoignage qu'elle a donné en bien des circon-

1. *Marguerite de Surville*, IVe partie, I.
2. *Id.*, *id.*
3. *Marguerite de Surville. Documents justificatifs*, VIII. *Lettre d'Étienne de Surville à sa femme, la veille du jour de sa mort.*
4. Morte en 1843, à Villeneuve-de-Berg.
5. « Ce fait a pu être certifié par des relations de famille, Mme Pauline de Surville et la mère de l'auteur étant parentes au septième degré par les d'Arlempdes de Mirabel. » *Marguerite de Surville*, IIIe partie, V, en note.

stances, comme en dépose, de son côté, M. A. de Barruel, de Villeneuve-de-Berg[1]; celui du frère d'Étienne, Stanislas de Surville[2], caractère de noble intégrité, s'il en fut; enfin, celui d'une tradition constante, dont les échos sont arrivés jusqu'à nous.

Mais les preuves *intrinsèques* viendront puissamment corroborer les autres. M. de Villedieu sait, pour le triomphe de sa cause, s'en servir avec un incontestable succès. Comme le géologue, occupé des recherches préhistoriques et désireux de connaître l'âge des restes de l'industrie primitive de l'homme, examine, avec la plus grande attention, les couches du terrain où ces produits du travail humain ont été trouvés, notre auteur explore son sujet dans tous les sens; et puis, comme résultat de ses investigations, il nous dit (nous ne suivons pas ici, d'une manière absolue, la forme de démonstration exactement développée par l'auteur) :

1° En littérature, chaque époque a son cachet spécial, sa couleur particulière, sur lesquels il est difficile de se méprendre. Il y a, pour chaque époque, des signes bien déterminés qui la caractérisent; c'est là un point que personne ne conteste. Partant de là, l'auteur étudie deux *Rondels sur Alain Chartier* et le *Dialogue entre Apollon et Clotilde;* puis il dit :

« L'examen, sans parti pris, de ces pages considérées non seulement sous le rapport de la pensée qui les anime, mais aussi au point de vue de l'expression littéraire, cet examen indique là indubitablement une poésie antérieure au XVIIe siècle; il l'indique, par l'impossibilité de trouver depuis lors un genre tel que celui-là.

« Nous avons beau chercher dans nos écrivains, de la dernière moitié du XVIe siècle à la fin du XVIIIe », — suit une

1. Lettre adressée par lui à l'auteur. *Documents justificatifs*, VIII.

2. Chevalier de Saint-Louis, ancien commandant du fort Lamalgue, en 1817, mort en 1837.

longue liste de ces auteurs, — « nous ne découvrons chez eux tous, — chez tous, affirmons-nous, — *pas une page qui rappelle ce genre esthétique,* envisagé non dans un point de détail, qui peut être une interpolation, mais dans son ensemble, comme doit le faire quiconque n'est pas un des savants myopes du monde lettré. Nous pouvons croire même que, si cette page analogue existait, nos sceptiques l'auraient montrée, depuis soixante et dix ans de débats, et ne se seraient pas contentés de donner plaisamment, pour terme de comparaison, de fades romances de Berquin ou de bien médiocres vers d'Étienne de Surville [1]. »

2° Dans l'*Épistre à Rocca* et dans le *Dialogue entre Apollon et Clotilde,* on voit, « à chaque vers, quelle connaissance l'auteur de ces morceaux a eue de ceux de nos anciens poètes dont la réputation n'avait pas été seulement locale ou circonscrite dans le nord de la France; comment il a su apprécier les uns, stigmatiser les autres et saisir les défauts de tous [2] ».

Or, une pareille critique ne peut pas être d'un écrivain de nos deux derniers siècles.

« Car, sur ce sujet, ces deux siècles, nous devrions plutôt dire ces deux siècles et demi, en y comprenant la seconde moitié du XVIe, ont une physionomie accentuée et une tradition littéraire constante, que rien de positif n'est encore venu démentir. Au XVIe siècle, immédiatement après Clément Marot, judicieux appréciateur du talent de Villon, l'étude et le goût de notre ancienne poésie sont entièrement délaissés. Au XVIIe siècle, dont Boileau interprète exactement la pensée à cet égard, cette poésie est universellement dédaignée; elle n'a pour familiers que quelques antiquaires, qui n'y voient que l'exploration de siècles barbares dont ils ont à

1. *Marguerite de Surville,* IVe partie, III.
2. *Marguerite de Surville.* IVe partie, IV.

rajeunir l'expression, pour qu'ils puissent en présenter quelque chose à leurs contemporains.

« Au XVIIIe siècle, quelques-uns aussi, — même assez nombreux, — s'occupent en érudits de cette poésie; d'autres l'étudient en littérateurs; mais, lorsqu'ils l'apprécient, c'est avec la manière et le style, faciles à reconnaître, de ce temps; c'est, ensuite et surtout, du point de vue, à moitié faux, qui fut celui de leur siècle; c'est avec un jugement éloigné de la vraie mesure, soit pour la louange soit pour le blâme. Nous avons signalé[1] toute la différence qu'il y a entre la manière avec laquelle l'auteur du *Dialogue* a parlé de nos vieux trouvères et celle avec laquelle en parlait Étienne de Surville; or, Étienne de Surville, en cela, n'a pas seulement été lui-même : il a exprimé les vues, les admirations exagérées de son temps.

« Nous pouvons donc tenir pour certain que l'appréciation de nos anciens poètes, dans les termes et le degré de justesse avec lesquels l'ont donnée l'*Épistre à Rocca* et le *Dialogue entre Apollon et Clotilde,* est caractéristique autant que peut l'être un fait littéraire. Elle révèle une époque où ces auteurs étaient exclusivement *les auteurs français,* et, à ce titre, étudiés d'une manière spéciale; elle assigne ainsi pour date à ces deux morceaux le XVe siècle ou tout au plus les premières années du XVI[e][2]. »

La critique si vraie, si fière, si mordante d'Alain Chartier, dans trois *Rondels* à Maistre Alain et surtout dans la partie non interpolée de l'*Épistre à Marguerite d'Escosse,* caractérise, d'une manière plus précise encore, cette même époque[3].

3° Il éclate, en bien des endroits des poésies que nous examinons, une admiration des plus marquées, disons mieux, un enthousiasme excessif pour la littérature grecque et

1. V. *supr.*, IIIe partie, XII.
2. *Marguerite de Surville*, IVe partie, IV.
3. *Marguerite de Surville*. IVe partie, IV.

romaine. On constate, dans cette œuvre, des tournures et des locutions latines très nombreuses et en même temps très naturelles et fort gracieuses. Ce double fait indique, il est à peine besoin de le dire, le commencement de la Renaissance, c'est-à-dire la fin du XVe siècle [1].

4° « Ces poésies sont une œuvre de génie. Ce fait, profondément significatif, a été reconnu explicitement ou implicitement par tous les écrivains marquants qui ont appuyé ou combattu l'authenticité de ces poésies [2]. Il est attesté, aussi bien, autant qu'un fait peut l'être, par les diverses parties et par l'ensemble de ces œuvres [3]. »

L'auteur examine ici ceux de ces chants qui ont le caractère d'authenticité, ou à peu près complet ou à beaucoup d'égards; il fait ressortir le mérite esthétique particulier de chacun d'eux; puis, sur ce point, il conclut ainsi : Le génie est toujours sincère; il ne s'amuse pas à composer des pastiches. D'ailleurs il n'est pas dans la nature de l'homme de sacrifier ainsi sa gloire, en mettant sur le compte d'un autre une œuvre qui peut immortaliser son nom [4].

« Noble enthousiasme de la pensée, justesse des images,

1. *Marguerite de Surville*, IVe partie, V.

2. L'auteur regrette que, dans ses rapports avec Lamartine qu'il n'a pas interrogé sur ce sujet, il n'ait pas eu, d'une manière particulière, avec cette abondance et cette précision que notre grand poète mettait dans ses développements, la pensée du chantre des *Harmonies* sur ce sujet. Celui qui, de nos jours, a été peut-être le premier de nos critiques littéraires, bien supérieur à ceux qui ont à notre époque une réputation surfaite et plus ou moins passagère, Lamartine a exprimé sa pensée à cet égard dans son *Cours familier de littérature* (Entretien CXXXIV, février 1867), et il l'a fait avec autant d'admiration pour le génie de *Clotilde* que de conviction de l'authenticité de son œuvre. Il aurait cependant pu mieux distinguer qu'il ne l'a fait entre les parties anciennes et les parties modifiées ou ajoutées dans ces poésies

Parmi un grand nombre de littérateurs, unanimes sur ce point et avouant comme Sainte-Beuve (*Revue des Deux-Mondes*, 1841) que le poète de l'*Épitre* à Rocca est « un maître », M. Eugène Villard, un écrivain distingué et un compatriote de l'au- « teur, a appelé ces poésies « une gloire » de notre pays.

3. *Marguerite de Surville*, IVe partie, VI.

4. *Id.*, *id.*

force et sobriété de l'expression, éloquence ferme et mouvementée, animation soutenue et sans enflure, ardeur qui brille dans la limpidité, vivacité qui n'a rien de l'excès *romantique*, mais qui est encore plus éloignée de la monotonie *classique*, manière simple de présenter son sujet et d'en dérouler l'enchaînement : voilà ce que l'on trouve dans ces pages [1]. »

Et c'est le créateur de cette œuvre de génie que la Critique « savante » ou légère vient ériger en « mystificateur » ?

Mais, pourtant, « celui qui a médité ce froid calcul, à peu près digne de Méphistophélès, pour assouvir un caprice sans nom, mystère inouï du cœur humain, celui-là a été suave dans sa pensée et sublime dans son élan. Il a égalé le poète des *Méditations* et des *Harmonies;* il a admirablement exprimé les élans les plus généreux et les sentiments les plus beaux. Il a eu de magiques accords, où, comme un chant lointain, résonnent les joies pures, les chastes amours, les deuils inconsolés, les enthousiasmes frémissants. Il a palpité, il a pleuré, dans l'effusion de l'amitié fervente; il a eu l'inimitable accent et de la mère et de l'épouse. Il a redit l'hymne intérieur des saintes émotions de l'âme. Pour chanter le bonheur simple et vrai, il a trouvé des mélodies qui ont le charme de celles du printemps; et sous sa touche féerique, le cœur, la poésie, ont vibré comme un merveilleux clavier. Le faussaire s'est changé en Orphée, et la muse divine a comblé l'histrion de ses bienfaits [2] ! »

Le bon sens et la vraie science se demandent ici s'il est permis de supposer qu'un faussaire, un jongleur avec l'art et la vérité, ait pu éprouver si merveilleusement ces sentiments divers; s'il a pu se pénétrer à ce point de la réalité vivante de ces situations, et les rendre avec un accent de sincérité inimitable et une émotion qui ne peut être dépassée.

1. *Marguerite de Surville*, IVe partie, VI.
2. *Id.*, IVe partie, VIII.

L'historien de Marguerite a démontré, *d'une part,* que les poésies publiées par Charles de Vanderbourg, étant une œuvre de génie et exprimant les sentiments les plus délicats de l'âme humaine, ne peuvent avoir pour auteur un faussaire; que les caractères historiques et moraux comme les caractères esthétiques de ces poésies attestent qu'elles sont de la seconde moitié du XVe siècle, époque où leur auteur dit en avoir fait une révision générale; qu'au XVe siècle la langue française était assez formée pour qu'un poète d'un talent supérieur ait pu produire une œuvre de ce mérite littéraire; « que ces poésies portent, jusqu'à un certain point, le cachet du lieu (du pays) où elles déclarent avoir été écrites[1] »; que des témoignages dignes de foi les attribuent à une femme du nom de Marguerite de Surville.

Il a prouvé aussi que ni Vanderbourg, ni Étienne de Surville, ni aucun auteur du XVIIe siècle, n'ont pu produire aucune de ces poésies ayant un caractère *sui generis,* et que ni Jeanne de Vallon, ni nul écrivain du XVIIe siècle, ni aucun poète autre que celui auquel sont attribués ces chants, n'a pu composer, dans leurs parties non interpolées, un *certain nombre* de ces œuvres.

D'autre part, il nous a montré, par des documents irrécusables, qu'au XVe siècle vivait à Vesseaux une femme très remarquable, portant le nom de Marguerite de Surville, se trouvant absolument dans toutes les conditions demandées pour l'authenticité de la partie non interpolée des poésies qui lui sont attribuées.

La conclusion qui découle pleinement des quatre premières parties de cet ouvrage, comme elle ressort de tout examen impartial de la question qui y est examinée sous ses divers aspects, n'est-elle donc pas évidemment celle-ci : Les poésies publiées par Vanderbourg ont pu être et ont été, dans l'en-

---

1. *Marguerite de Surville.* IVe partie, V.

semble de plusieurs des pièces qui les composent et dans quelques parties seulement d'un certain nombre d'autres, modifiées ou interpolées depuis le commencement du XVIIe siècle, mais elles sont, pour le fond et pour les parties importantes et spécialement caractéristiques, l'œuvre de cette femme désignée par la tradition du Bas-Vivarais et par Étienne de Surville, et dont l'existence ne peut plus être désormais un doute pour personne?

A nos yeux, comme à ceux de notre auteur et de beaucoup d'autres, cette conclusion s'impose.

IV

La cinquième partie de l'ouvrage qui nous occupe en ce moment est un *Aperçu général sur la vie et l'œuvre littéraire de Marguerite de Surville.*

Cette vie, cette œuvre, sont résumées là dans des pages d'un puissant relief; comme dans bien d'autres de ce livre, l'âme y parle, le sentiment y déborde.

Et, à cet égard, bien que notre dessein n'ait pas été d'insister ici sur le côté du sentiment, qui est touché dans cet ouvrage aussi profondément qu'y est développé l'élément historique ou démonstratif, notre Étude serait néanmoins trop incomplète, si nous ne rappelions que nul n'a plus fortement exprimé que l'auteur ne l'a fait là, les sentiments moraux et religieux inspirés par le sujet même de son investigation.

Voici de quelle manière il montre un aspect de l'œuvre littéraire du poète et d'une époque de sa vie :

« Sans doute, il lui manque alors quelque chose, quelque chose même supérieur à tout. Son œuvre, il est vrai, se distingue, par son honnêteté, de cette poésie qui, au XVIe siècle surtout, faisait consister l'art à rajeunir ce que la muse latine eut jamais de plus licencieux. Mais il ne manque pas moins à son talent la ferveur de l'esprit d'amour saint, qui doit faire la poésie sublime d'un nouveau monde social. Son enthousiasme n'est qu'à demi chrétien, sans être cependant ni au rationalisme ni aux matérialistes objections.

« Aussi, malgré tout ce qu'il y a de distingué dans ces pages, Marguerite ne sait point réagir dans le sens de l'art intimement croyant, qu'elle eût pu exprimer avec sa rare puissance de sentiment. Et, en même temps, il y a néanmoins assez de sincérité dans sa pensée et assez de noblesse dans son œuvre, pour que l'on puisse voir en elle, à plus d'un égard, un lointain avant-coureur de la poésie qui sera celle d'une époque de Rénovation[1]. »

Voici comment est exprimée, dans ces pages, la souffrance morale que l'on peut assurément appeler le martyre du génie ayant à subir l'injustice humaine :

« Qu'auront les lettrés courtisans pour ces quelques feuillets que l'imprimerie ne peut même point encore protéger peut-être contre un entier oubli ? Ils auront, — disons-le sans forcer le trait en aucune manière, sans poser Marguerite en victime plus que bien d'autres, — ils auront cette injustice courante que le formalisme de tous les temps a toujours avalée comme de l'eau, cette injustice *ordinaire* et misérable qu'a toujours eue l'habileté satisfaite, l'habileté politique ou littéraire, pour les caractères les plus dignes, pour le talent qui n'intrigue pas.

« Ils feront ce que l'on peut faire, ce que l'on fait même de nos jours, en dépit de la presse aux cent voix : autour de ces éloquentes pages, ils feront la conspiration du silence, pour montrer comment on se débarrasse du génie importun et pour apprendre à cette provinciale à respecter les gloires menteuses qui ont su se faire une royauté.

1. *Marguerite de Surville.* V^e partie, I.

« Qu'est-ce donc que cette justice des contemporains d'un grand cœur, qui le vouent froidement à l'oubli ? C'est celle de la mesquine humanité, indigente d'amour et pauvre d'âme. Que leur importe, à eux, que cette femme ait du génie? C'est un génie sans piédestal, c'est-à-dire sans la situation en vue, éclatante, extérieure, juste ou usurpée, honorable ou non, qui seule fait admirer le talent vrai, à moins que celui qui l'a eu ne soit dans la tombe. Ce piédestal, cette infatuation, permanente, jamais lassée, de la sottise humaine, le poète refusa de se le faire avec des moyens vils. Et en cela nous l'admirons[1]. »

Et plus loin :

« Marguerite sait désormais ce qu'il y a d'amer dans la coupe de l'existence humaine, quand l'amour surnaturel, plus fort que l'épreuve, ne fait pas monter, du sein de l'affliction, une austère et suave louange à Dieu. Elle connaît les désolations intérieures que la parole n'exprime point; sa sensibilité profonde épuise le tourment d'une grande intelligence hors de son milieu...

« Que venez-vous, ô voix de mystère, lui parler le langage du poète et lui dicter des chants? Ces chants, à qui les dira-t-elle? à quoi serviront-ils? Son œuvre et sa pensée, sa pensée riante autrefois, son œuvre, dont elle ne doutait point et dont le but devient incertain pour elle, lui apportent maintenant l'agonie de l'âme et l'indicible accablement.

« Où sont ces jours où les rêves brillants, l'exaltation et la jeunesse faisaient une fête de son printemps; où son horizon était lumière, suavité, splendeur? Les joies se sont changées en martyre. Ceux qu'elle aimait, ceux qui la comprenaient se sont enfuis. Seul, son enthousiasme lui reste; mais il n'est plus qu'un feu qui consume[2]. »

---

1. *Marguerite de Surville*. Ve partie, II.
2. *Marguerite de Surville*. Ve partie. IV.

Voici, enfin, un des tableaux qui, dans cet ouvrage, dépeignent les derniers jours de la vie d'un noble poète, ayant, comme notre historien le raconte, *les consolations de la foi* :

« Le soir est venu pour cette vie qui résume l'histoire de plus d'un grand cœur. D'un des derniers sommets de son existence, Marguerite peut revoir son passé. Là, se déroulent tour à tour les enthousiasmes de l'âme, ses lassitudes, ses espoirs, ses brisements. Là, retentit l'hymne, vite achevé, de la félicité humaine, que continue bientôt un chant de deuil.

« Là, devant le regard du poète surgissent, vision fascinatrice, les reflets de pourpre et d'or de son aurore, suivis de l'éclat fatigant du midi et des teintes décolorées du soir. Là, en évoquant ces souvenirs lointains, Marguerite voit passer ses joies et ses larmes, les épreuves et les élans de son cœur qui a tant appelé et tant souffert.

« Après l'agitation de ses longs jours, elle enfin, elle aussi peut dire : « Je m'endormirai en Celui qui est la paix, et en « lui je trouverai le repos. » Puis, elle passe au suprême sommeil, confiante en Dieu, attendant de lui un avenir meilleur.

« Son œuvre reste ensevelie; son souvenir s'écoule peu à peu, comme l'eau du torrent de sa vallée. Son âme a trouvé sans doute sa récompense ailleurs; mais son nom attend ici, pendant des siècles, l'équité de l'histoire; sa cendre a l'oubli et un obscur tombeau [1]. »

Les *Documents justificatifs* qui complètent le livre, renferment de précieux renseignements sur la famille Chalis et les Surville, à Vesseaux, à Privas et aux environs; sur « les compatriotes et les collègues en jurisprudence de Pierre Chalis », « licencié en lois », le père de Marguerite, indications données

---

1. *Marguerite de Surville*, Ve partie, IV.

par une pièce inédite du *Manuale notarum* d'Antoine de Brion. Dans ces *Documents* figurent aussi, *in extenso*, le contrat de mariage de Bérenger de Surville et de Marguerite, reçu le 4 janvier 1428, le testament de Florence Chalis, veuve de Pons de Morier et tante du poète, en date du 11 septembre 1427, pièces données dans leur original latin comme en traduction et accompagnées de notes très nombreuses; l'historique exact, — sur renseignements nouveaux et précis, fournis par des registres d'écrou et arrêté de Directoire de département, — de la dernière époque de la vie et de la condamnation d'Étienne de Surville, historique mis en regard des plaisantes méprises de Sainte-Beuve, sur ce sujet comme sur d'autres; enfin le relevé des inscriptions de l'église de Vesseaux, inscriptions dont une au moins paraît directement se rapporter à l'épouse de Bérenger et à leur fils.

Ceci, du reste, n'a pas lieu de surprendre, lorsqu'on sait que, d'après la tradition constante de Vesseaux, rappelée dans ce livre, Marguerite est la dame qui fit faire de grandes réparations à l'église de ce petit bourg, travaux qui remontent, en effet, à la seconde moitié du XVe siècle. « Marguerite, dit notre historien, se fait un honneur de restaurer l'église de son village; elle veut que ce temple saint soit moins indigne de la piété d'un peuple croyant. Là, dans ce sanctuaire qu'ont respecté l'injure du temps et celle des dévastations humaines, près d'un antique autel de Marie transformé, bien longtemps après, dans le goût médiocre du commencement de ce siècle, elle ira répandre ses prières et ses pleurs. Elle transmettra à ses petits-enfants l'attachement à la foi catholique que ses aïeux ont professée; et grâce, pour beaucoup, à la sollicitude du poète, sa famille saura, pendant des siècles, garder le dépôt de la foi de Dieu [1]. »

1. *Marguerite de Surville*. V^e^ partie. IV.

Tel est l'ouvrage que voudrait populariser notre Étude, ouvrage vaillamment consacré à un poète qui doit rester un honneur pour les Lettres et qui est une gloire poétique, sinon du monde de Rénovation que nous aimons à appeler ardemment, avec l'auteur de ce livre, au moins de l'époque de transition dans laquelle notre société est encore.

L'historien y a pleinement rendu justice, y a presque donné comme l'effusion de sa gratitude, à tous les écrivains qui ont mis leur conviction et leur âme à appuyer, sur un point ou sur un autre, l'œuvre d'équité due à une éminente mémoire.

La forme littéraire de cet ouvrage vient ajouter au mérite d'un fond de doctrine, d'érudition et de renseignements certains si riche par lui-même. Elle nous paraît se faire remarquer surtout par un raisonnement toujours juste et un ton de conviction fervente donnant au style beaucoup de vie, et l'élevant parfois à la hauteur d'une véritable éloquence.

Nous aurions désiré, peut-être, trouver dans ce livre, quelquefois un peu moins de sévérité, quoique justifiée, envers la plupart des négateurs de l'authenticité d'*une partie* de ces poésies.

Mais, ici, le champion du poète de nous répondre : « Ce qui est, bien avant tout, combattu dans ces pages, ce n'est pas telle vue littéraire qui peut paraître vraie et dont nous tous, dévoués à une juste cause, comprenons, autant que qui que ce soit, une défense noble et généreuse ; c'est la littérature sceptique ou frivole, la critique sans âme, le prétendu savoir sans équité. Ce sont des habiletés pauvres de cœur, des sagacités peu loyales et souvent enfiellées. C'est la vanité persifleuse et le verbiage prudhommesque s'érigeant en maîtres du génie et en juges de l'Art. C'est la jactance, la jalousie infime, le caprice, voulant, comme aux jours que ce livre rappelle, empêcher ou détruire les plus pures célébrités. »

Ce que l'Écrivain, en effet, vise là, c'est, comme il le dit dans sa Préface, et évidemment bien au-dessus de toute personnalité, « la critique d'expédient », sans les principes supérieurs qui doivent diriger la Science et l'Art, et dont l'auteur du travail que nous venons d'étudier s'est fait si fermement le défenseur.

Son ouvrage est, en résumé, une œuvre considérable, et, de beaucoup, la plus complète de toutes celles qui ont été publiées sur ce sujet. C'est, en même temps, un service signalé rendu aux Lettres et à la vérité historique.

L'Abbé ***.

A PARIS

DES PRESSES DE JOUAUST ET SIGAUX

Rue de Lille, 7.

M DCCC LXXXVIII

www.ingramcontent.com/pod-product-compliance
Ingram Content Group UK Ltd.
Pitfield, Milton Keynes, MK11 3LW, UK
UKHW020519180726
13839UKWH00005B/2183